Impressum
Verlag: BABADADA GmbH, Nedderfeld 112 , 22529 Hamburg
Geschäftsführer / Verlagsleitung: Harald Hof
Druck: Books on Demand GmbH, In de Tarpen 42, 22848 Norderstedt

Imprint
Publisher: BABADADA GmbH, Nedderfeld 112 , 22529 Hamburg, Germany
Managing Director / Publishing direction: Harald Hof
Print: Books on Demand GmbH, In de Tarpen 42, 22848 Norderstedt, Germany

школа
škola

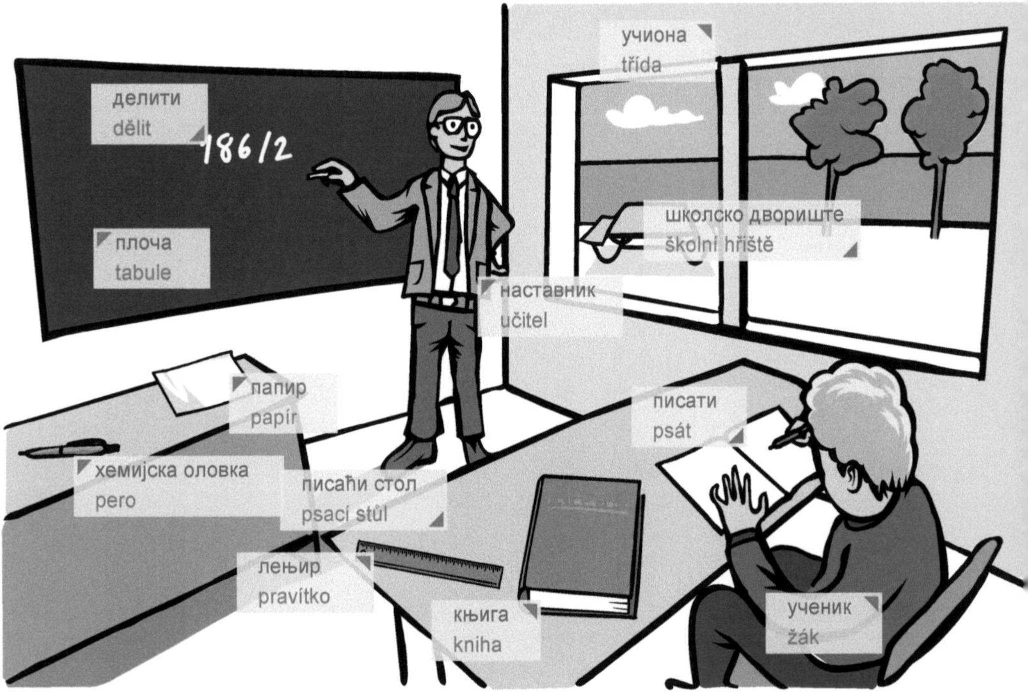

учиона
třída
делити
dělit
186/2
плоча
tabule
школско двориште
školní hřiště
наставник
učitel
папир
papír
писати
psát
хемијска оловка
pero
писаћи стол
psací stůl
лењир
pravítko
књига
kniha
ученик
žák

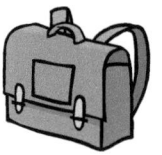

торба

aktovka

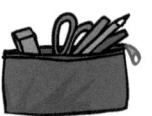

перница

penál

графитна оловка

tužka

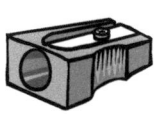

шиљило за оловке

ořezávátko

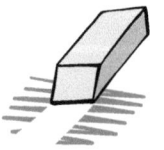

гумица за брисање

guma

блок за цртање

blok na kreslení

цртеж

výkres

кист

štětec

кутија са бојама

malířské potřeby

маказе

nůžky

лепило

lepidlo

бележница

cvičebnice

домаћи задатак

domácí úkol

број

počet

сабирати

sčítat

одузимати

odčítat

множити

násobit

рачунати

počítat

слово

písmeno

абецеда

abeceda

реч

slovo

текст

text

читати

číst

креда

křída

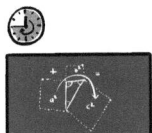

час

hodina

дневник

třídní kniha

испит

zkouška

сведочанство

vysvědčení

школска униформа

školní uniforma

образовање

vzdělání

лексикон

encyklopedie

универзитет

univerzita

микроскоп

mikroskop

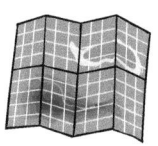

карта

karta

кошара за папир

odpadkový koš na papír

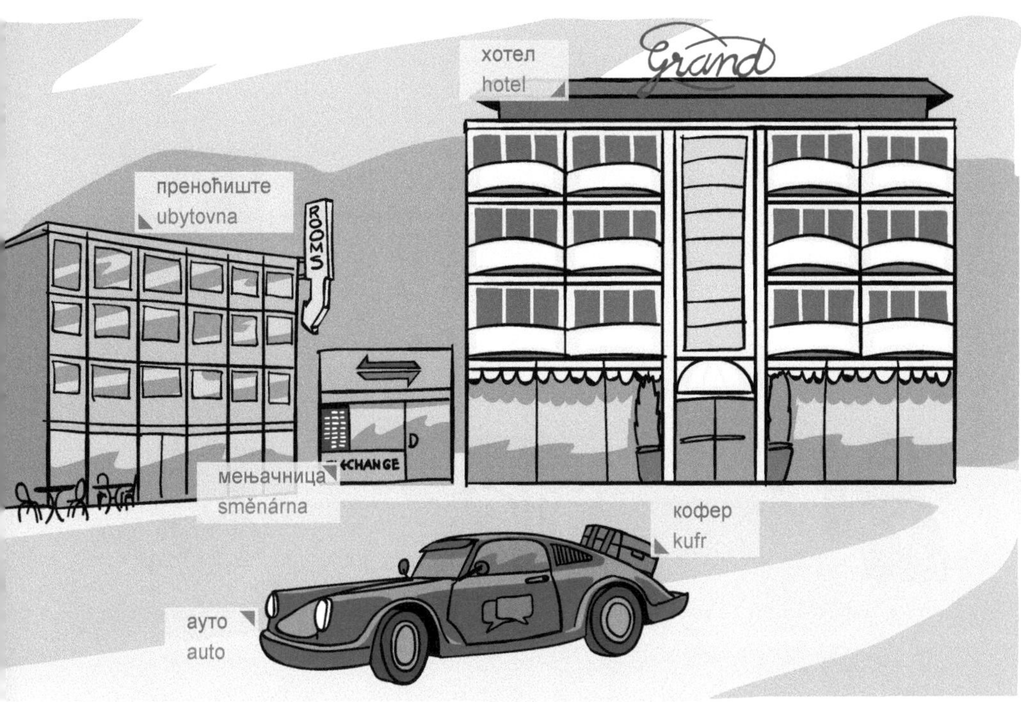

хотел
hotel
Grand
преноћиште
ubytovna
ROOMS
мењачница
směnárna
EXCHANGE
кофер
kufr
ауто
auto

језик
jazyk

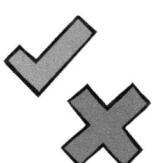

да / не
ano / ne

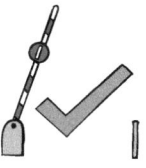

океј
oukej

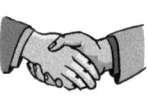

здраво
Ahoj!

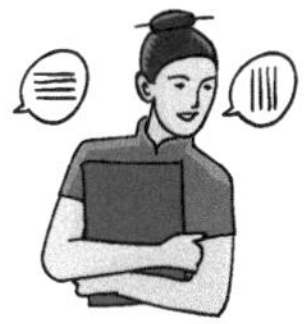

преводилац
překladatel

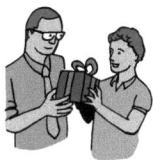

хвала
děkuji

Колико кошта...?

Kolik stojí...?

не разумем

nerozumím

проблем

problém

добро вече!

Dobrý večer!

Добро јутро!

Dobré ráno!

Лаку ноћ!

Dobrou noc!

довиђења

na shledanou

смер

směr

пртљага

zavazadlo

торба

taška

руксак

batoh

гост

host

соба

pokoj

вреħа за спавање

spací pytel

шатор

stan

туристичке информације

turistické informace

плажа

pláž

кредитна картица

kreditní karta

доручак

snídaně

ручак

oběd

вечера

večeře

карта за вожњу

jízdenka

лифт

výtah

поштанска маркица

poštovní známka

граница

hranice

царина

clo

амбасада

poselství

виза

vízum

пасош

pas

транспорт
transport

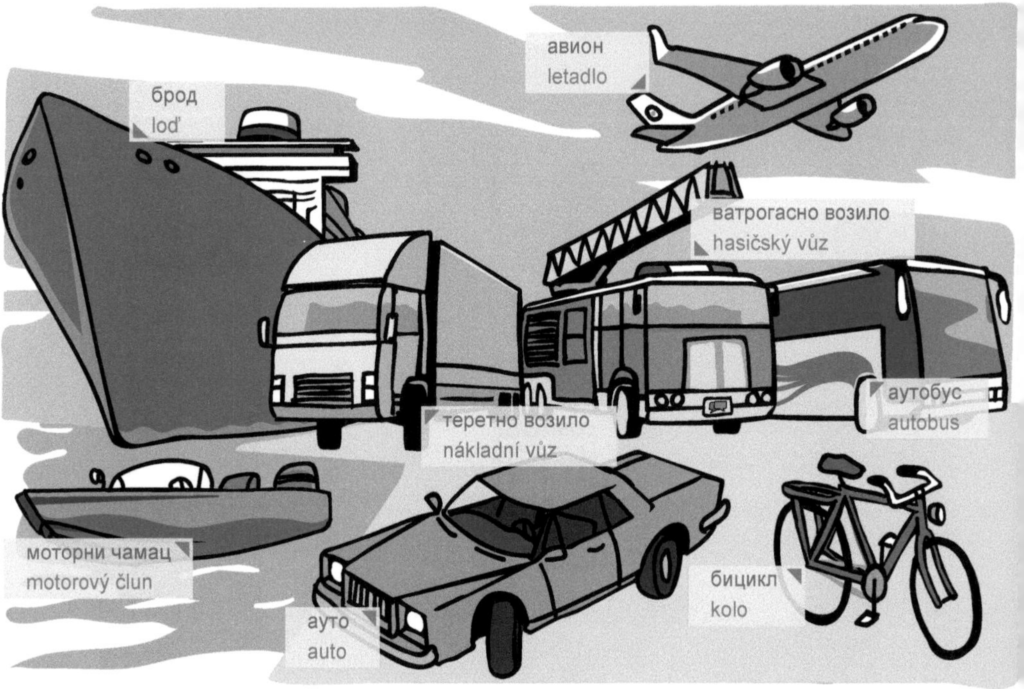

авион
letadlo
брод
loď
ватрогасно возило
hasičský vůz
аутобус
autobus
теретно возило
nákladní vůz
моторни чамац
motorový člun
бицикл
kolo
ауто
auto

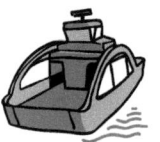

трајект

přívoz

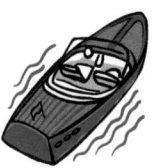

чамац

člun

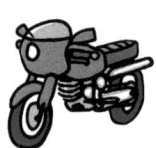

мотоцикл

motorka

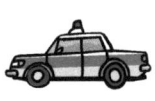

полицијски ауто

policejní auto

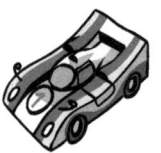

тркаћи ауто

závodní auto

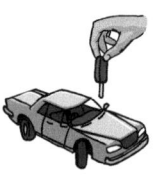

изнајмљено ауто

pronajaté auto

делење аутомобила

sdílení aut

вучно возило

odtahová služba

возило за одвоз смећа

popelářský vůz

мотор

motor

бензин

palivo

бензинска станица

čerpací stanice

саобраћајни знак

dopravní značka

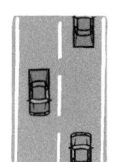

саобраћај

doprava

застој

dopravní zácpa

паркиралиште

parkoviště

железничка станица

vlakové nádraží

шине

koleje

воз

vlak

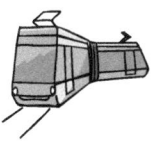

трамвај

tramvaj

вагон

vagón

хеликоптер
helikoptéra

аеродром
letiště

кула
věž

путник
pasažér

контејнер
kontejner

картон
kartón

колица
trakař

корпа
koš

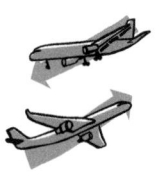

узлетети / слетети
vzlétnout / přistát

град
město

село
vesnice

центар града
střed města

кућа
dům

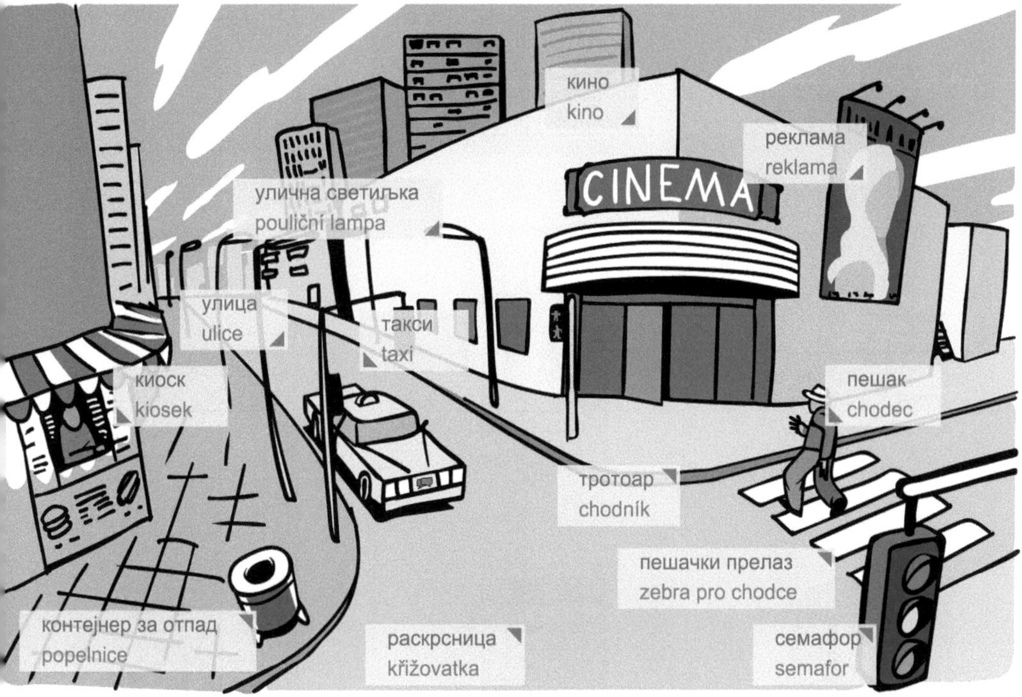

кино
kino

реклама
reklama

улична светиљка
pouliční lampa

улица
ulice

такси
taxi

CINEMA

пешак
chodec

киоск
kiosek

тротоар
chodník

пешачки прелаз
zebra pro chodce

контејнер за отпад
popelnice

раскрсница
křižovatka

семафор
semafor

колиба
chata

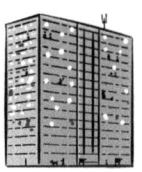

стан
byt

железничка станица
vlakové nádraží

већница
radnice

музеј
muzeum

школа
škola

универзитет

univerzita

банка

banka

болница

nemocnice

хотел

hotel

апотека

lékárna

канцеларија

kancelář

књижара

knihkupectví

продавница

obchod

цвећара

květinářství

супермаркет

supermarket

трг

tržnice

робна кућа

obchodní dům

рибарница

rybárna

трговачки центар

nákupní centrum

лука

přístav

парк
park

клупа
lavička

мост
most

степенице
schody

подземна железница
metro

тунел
tunel

аутобуска станица
autobusová zastávka

бар
bar

ресторан
restaurace

поштанско сандуче
poštovní schránka

улични знак
pouliční tabule

паркирни аутомат
parkovací hodiny

зоолошки врт
zoo

базен
plovárna

џамија
mešita

сеоско газдинство

usedlost

загађење околине

znečišťování životního prostředí

гробље

hřbitov

црква

církev

игралиште

hřiště

храм

chrám

пејсаж
krajina

лист
list

путоказ
rozcestník

пут
cesta

ливада
louka

камен
kámen

дрво
strom

шетач
turista

река
řeka

трава
tráva

цвет
květina

долина

údolí

планина

hora

језеро

jezero

шума

les

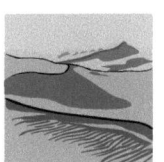

пустиња

poušť

вулкан

sopka

дворац

zámek

дуга

duha

гљива

houba

палма

palma

москито

komár

мува

moucha

мрав

mravenec

пчела

včela

паук

pavouk

пејсаж - krajina   15

буба

brouk

жаба

žába

веверица

veverka

јеж

ježek

зец

zajíc

сова

sova

птица

pták

лабуд

labuť

дивља свиња

divoké prase

јелен

jelen

лос

los

насип

přehrada

ветрењача

větrné kolo

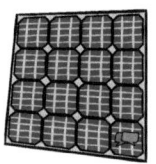

соларна плоча

solární panel

клима

podnebí

ресторан
restaurace

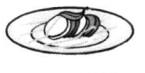

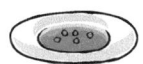

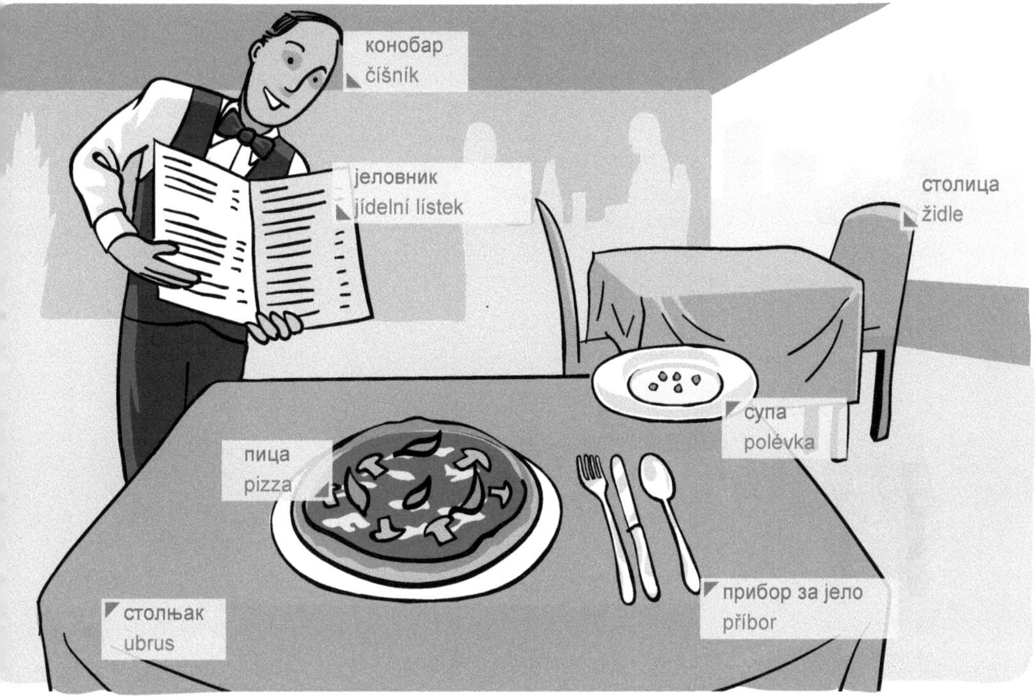

конобар
číšník
јеловник
jídelní lístek
столица
židle
супа
polévka
пица
pizza
прибор за јело
příbor
столњак
ubrus

предјело

předkrm

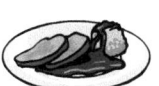

главно јело

hlavní chod

десерт

dezert

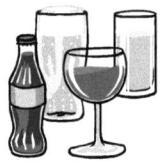

напитци

nápoje

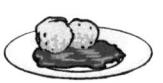

јело

jídlo

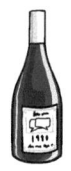

флаша

láhev

брза храна

rychlé občerstvení

имбис храна

pouliční občerstvení

чајник

čajová konvice

доза за шећер

cukřenka

порција

porce

апарат за еспресо

kávovar na espresso

висока столица

dětská stolička

рачун

faktura

послужавник

tác

нож

nůž

виљушка

vidlička

кашика

lžíce

чајна кашика

čajová lyžička

салвета

ubrousek

чаша

sklenička

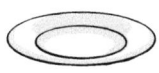

тањир

talíř

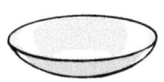

тањир за супу

talíř na polévku

тањирић

podšálek

сос

omáčka

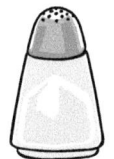

сољенка

slánka

млин за бибер

mlýnek na pepř

сирће

ocet

уље

olej

зачини

koření

кечап

kečup

сенф

hořčice

мајонеза

majonéza

супермаркет
supermarket

понуда
nabídka
FOR
купац
zákazník
млечни производи
mléčné výrobky
воће
ovoce
колица за куповину
nákupní vozík

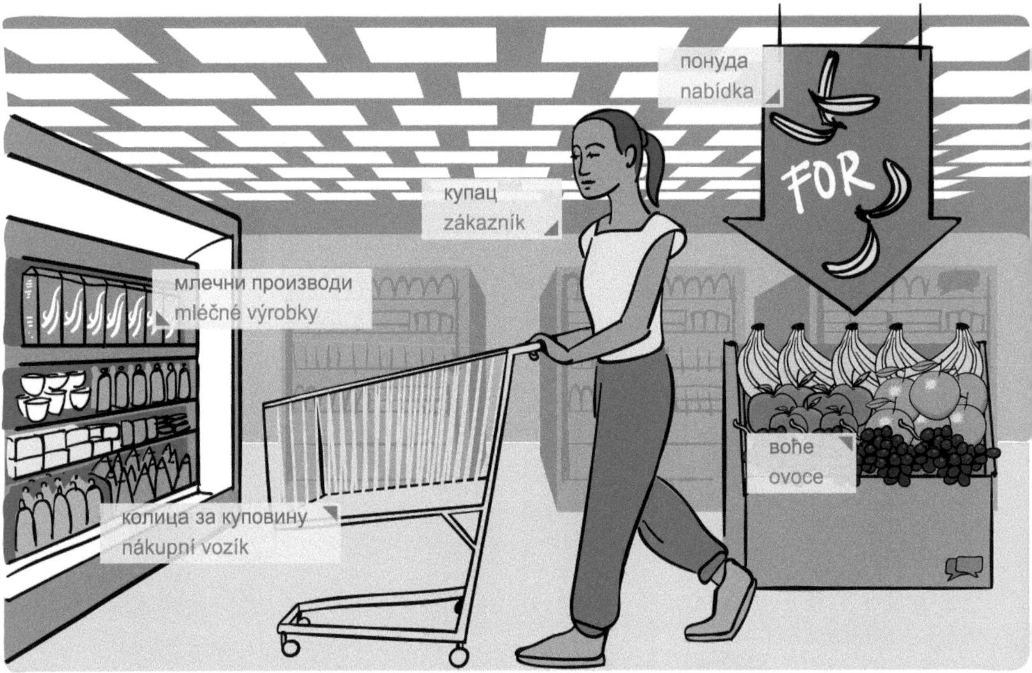

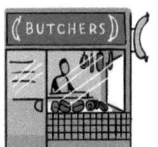

BUTCHERS

месница

masna

BAKERY

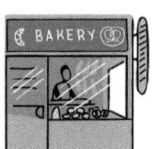

пекара

pekařství

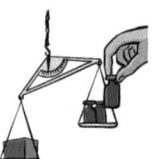

вагати

vážit

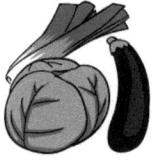

поврће

zelenina

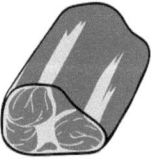

месо

maso

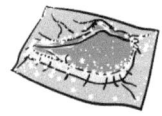

смрзнута храна

mražené potraviny

нарезак

obložený talíř

конзерве

konzervy

средство за прање

prací prášek

слаткиши

cukrovinky

артикли за домаћинство

výrobky pro domácnost

средства за чишћење

čisticí prostředek

продавачица

prodavačka

благајна

pokladna

благајник

pokladní

листа за куповину

nákupní seznam

време рада

otevírací doba

новчаник

peněženka

кредитна картица

kreditní karta

торба

taška

пластична кеса

igelitová taška

вода

voda

сок

džus

млеко

mléko

кола

kola

вино

víno

пиво

pivo

алкохол

alkohol

какао

kakao

чај

čaj

кава

káva

еспресо

espresso

капућино

kapučíno

банана

banán

јабука

jablko

наранџа

pomeranč

лубеница

meloun

лимун

citrón

шаргарепа

mrkev

бели лук

česnek

бамбус

bambus

лук

cibule

гљива

houba

орашасти плодови

ořechy

резанци

těstoviny

шпагете

špageti

рижа

rýže

салата

salát

помфрит

hranolky

печени крумпир

americké brambory

пица

pizza

хамбургер

hamburger

сендвич

sendvič

шницла

řízek

шунка

šunka

салама

salám

кобасица

salám

кокош

kuře

печење

pečeně

риба

ryby

зобене пахуљице

ovesné vločky

мусли

müsli

кукурузне пахуљице

vločky

брашно

mouka

кроасан

croissant

пециво

houska

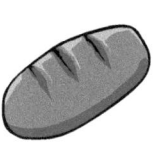

хлеб

chléb

тоаст

toast

кекси

sušenky

маслац

máslo

свежи сир

tvaroh

колач

buchta

jaje

vejce

jaje на око

volské oko

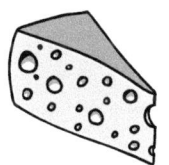

сир

sýr

сладолед

zmrzlina

шећер

cukr

мед

med

мармелада

marmeláda

нугат крема

nugátový krém

кари

kari

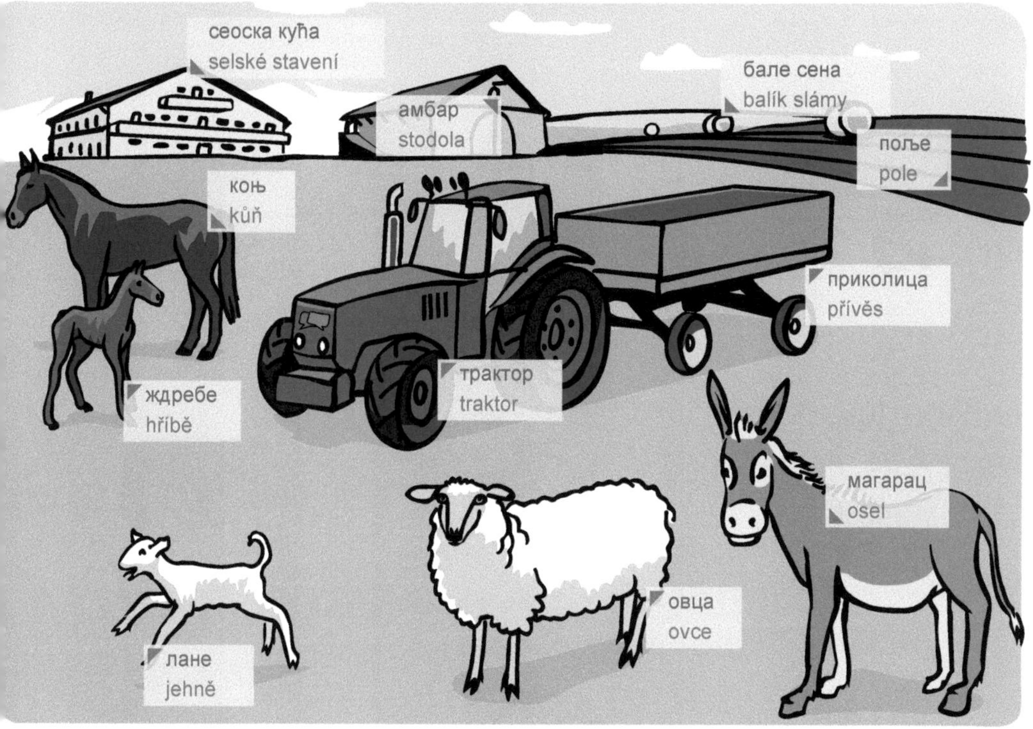

сеоска кућа
selské stavení

амбар
stodola

бале сена
balík slámy

поље
pole

коњ
kůň

приколица
přívěs

ждребе
hříbě

трактор
traktor

магарац
osel

лане
jehně

овца
ovce

коза

koza

крава

kráva

теле

tele

свиња

prase

прасе

sele

бик

býk

гуска

husa

патка

kachna

пилићи

kuře

кокош

slepice

петао

kohout

пацов

krysa

мачка

kočka

миш

myš

вол

vůl

пас

pes

кућица за пса

psí bouda

вртно црево

zahradní hadice

канта за поливање

kropicí konev

коса

kosa

плуг

pluh

срп

srp

мотика

motyka

виљушка за ђубриво

vidle

секира

sekera

тачке

kolecko

корито

koryto

посуда за млеко

konev na mléko

врећа

pytel

ограда

plot

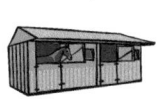

штала

stáj

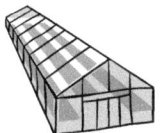

стакленик

skleník

земља

půda

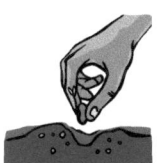

семе

osivo

ђубриво

hnojivo

комбајн

kombajn

жети

sklidit

жетва

sklizeň

јамс зачин

smldinec

пшеница

pšenice

соја

sója

крумпир

brambora

кукуруз

kukuřice

уљана репица

řepka

воћка

ovocný strom

гомољ манионе

maniok

житарице

obilí

кyћа
dům

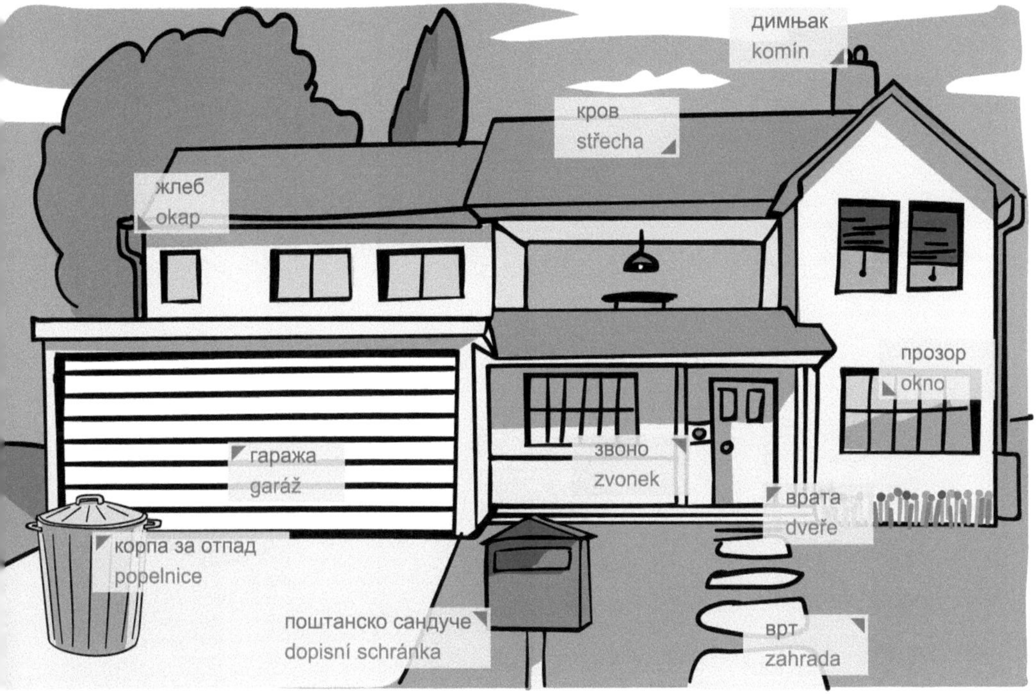
димњак
komín
кров
střecha
жлеб
okap
прозор
okno
гаража
garáž
звоно
zvonek
врата
dveře
корпа за отпад
popelnice
поштанско сандуче
dopisní schránka
врт
zahrada

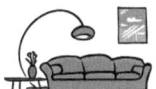

дневна соба

obývací pokoj

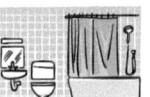

купаоница

koupelna

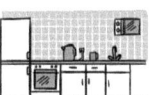

кухиња

kuchyně

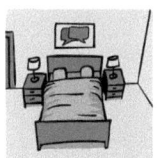

спаваћа соба

ložnice

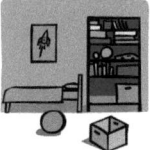

дечија соба

dětský pokoj

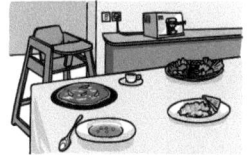

трпезарија

jídelna

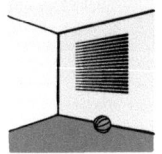

под
....
podlaha

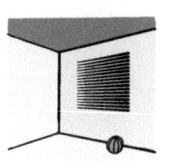

зид
....
zeď

строп
....
deka

подрум
....
sklep

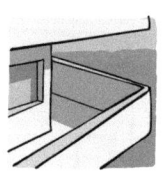

сауна
....
sauna

балкон
....
balkón

тераса
....
terasa

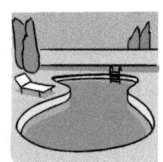

базен
....
bazén

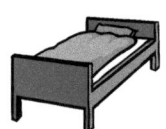

косилица за траву
....
sekačka na trávu

постељина за кревет
....
ložní prádlo

дека за кревет
....
lůžková přikrývka

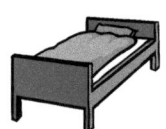

кревет
....
postel

метла
....
smeták

канта
....
kýbl

прекидач
....
vypínač

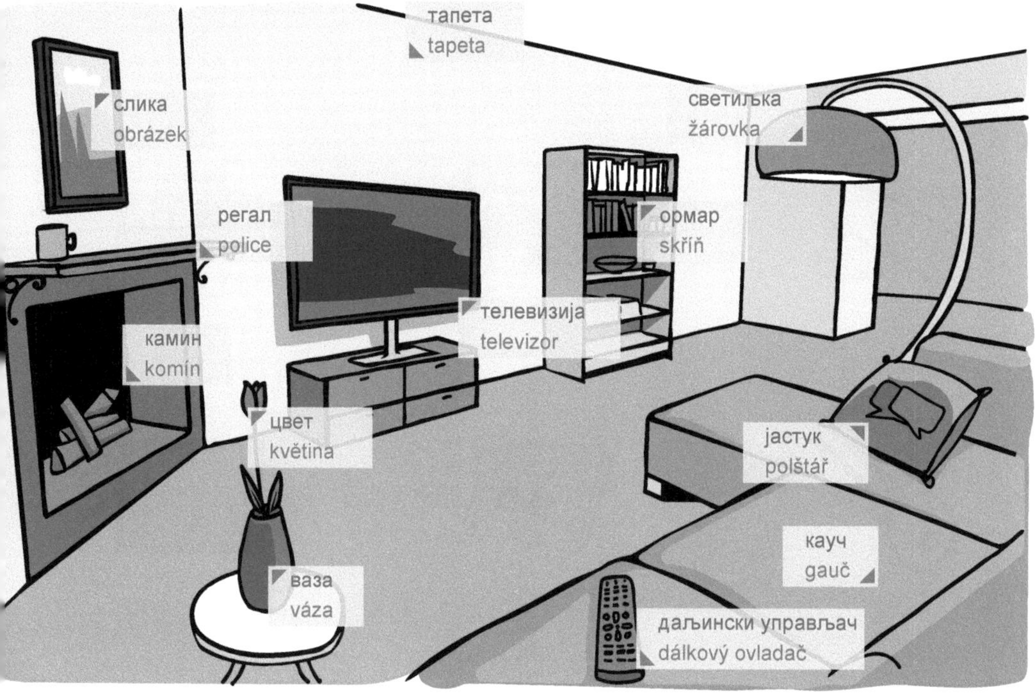

тапета
tapeta

слика
obrázek

светиљка
žárovka

регал
police

ормар
skříň

камин
komín

телевизија
televizor

цвет
květina

jастук
polštář

ваза
váza

кауч
gauč

даљински управљач
dálkový ovladač

тепих
koberec

завеса
závěs

сто
stůl

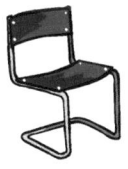

столица
židle

столица за њихање
houpací křeslo

фотеља
křeslo

књига

kniha

дека

strop

декорација

ozdoba

дрво за огрев

palivové dříví

филм

film

хи-фи уређај

stereo souprava

кључ

klíč

новине

noviny

слика на платну

malba

постер

plakát

радио

rádio

блок за писање

poznámkový blok

усисивач

vysavač

кактус

kaktus

свећа

svíce

кухиња
kuchyně

фрижидер
chladnička
микроталасна рерна
mikrovlnná trouba
кухињска вага
kuchyňská váha
тоастер
toustovač
средство за чишћење
čisticí prostředek
рерна
trouba
претинац за замрзавање
mraznička
корпа за отпад
popelnice
машина за прање суђа
myčka nádobí

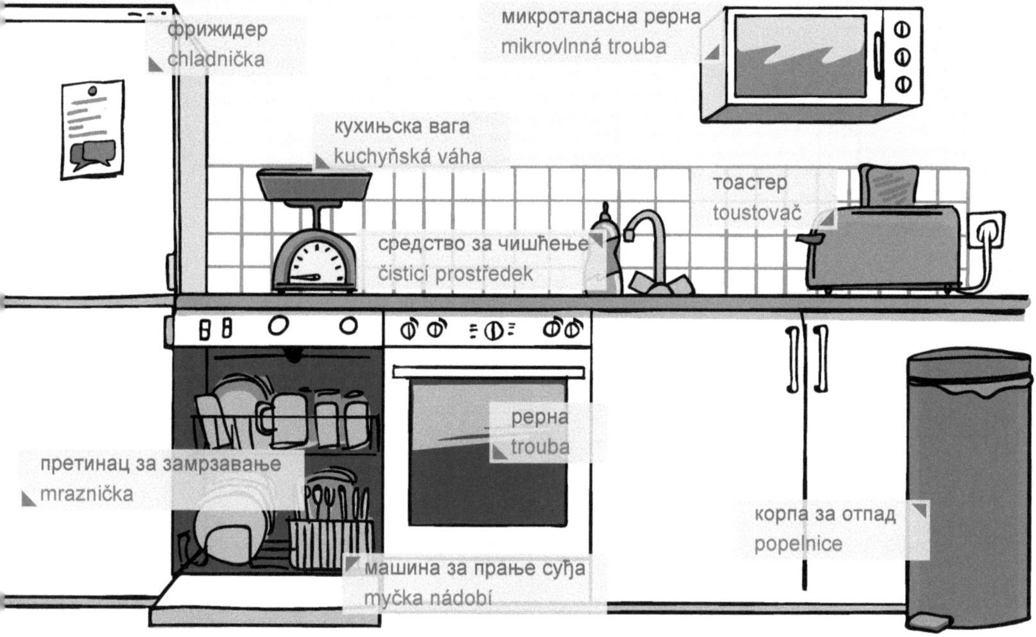

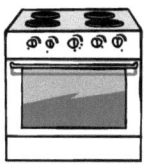

шпорет

sporák

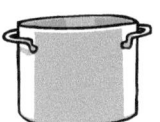

лонац

hrnec

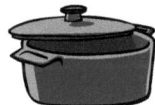

гвоздени лонац

litinový hrnec

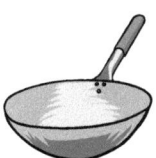

вок / кадаи

wok / kadai

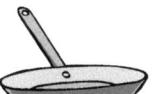

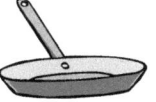

тава

pánev

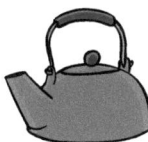

кувало за воду

varná konvice

кувало на пару

parní hrnec

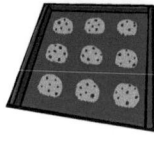

лим за печење

plech na pečení

посуђе

nádobí

чаша

hrnek

посуда

miska

штапићи за јело

jídelní hůlky

кутлача

naběračka

лопатица

obracečka

пењача

metla

сито за кување

síto

сито

cedník

рибеж

struhadlo

мужар

hmoždíř

роштиљ

gril

огњиште

ohniště

даска
prkénko na krájení

оклагија
váleček na těsto

вадичеп
vývrtka

конзерва
dóza

отварач конзерви
otvírák na konzervy

крпа за лонац
chňapka

судопер
umyvadlo

четка
kartáč na nádobí

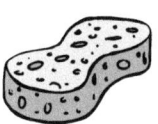

сунђер
houba

миксер
mixér

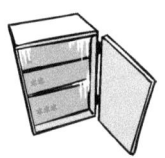

замрзивач
mrazák

флашица за бебе
dětská lahev

славина за воду
kohoutek

купаоница
koupelna

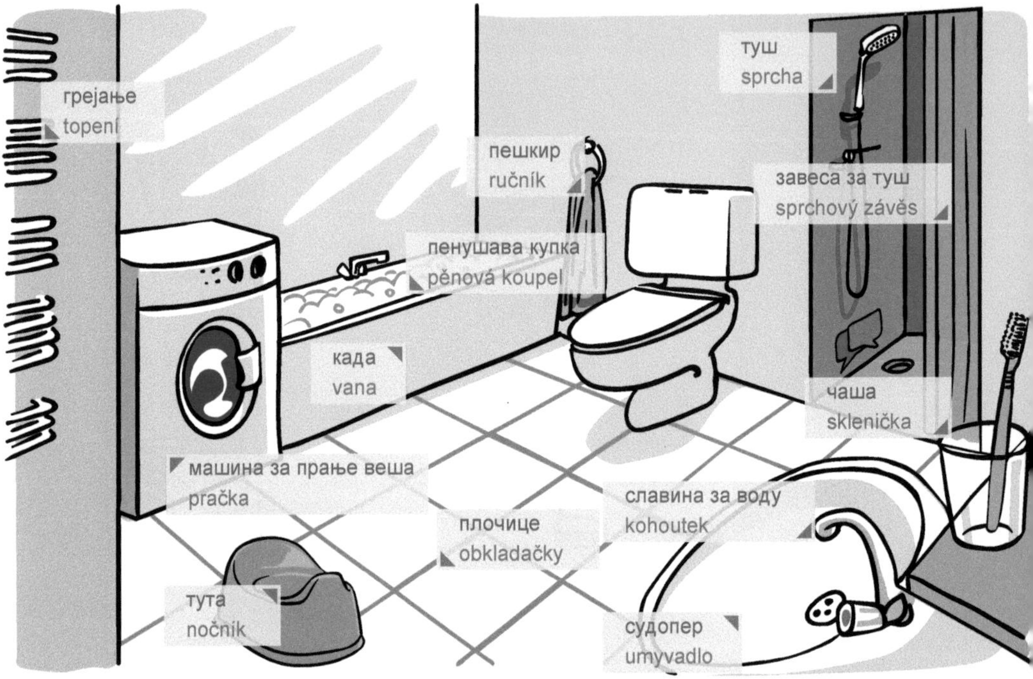

туш
sprcha

грејање
topení

пешкир
ručník

завеса за туш
sprchový závěs

пенушава купка
pěnová koupel

када
vana

чаша
sklenička

машина за прање веша
pračka

славина за воду
kohoutek

плочице
obkladačky

тута
nočník

судопер
umyvadlo

тоалет

záchod

чучавац

turecký záchod

бидет

bidet

писоар

pisoár

тоалетни папир

toaletní papír

четка за тоалет

záchodová štětka

четкица за зубе

zubní kartáček

паста за зубе

zubní pasta

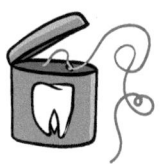

конац за зубе

zubní niť

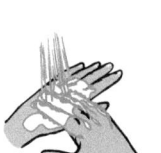

прати

mýt

туш ручица

ruční sprcha

туш за прање интимних делова

intimní sprcha

лавор

umyvadlo

четка за прање леђа

kartáč na záda

сапун

mýdlo

гел за туширање

sprchový gel

шампон

šampón

крпа за прање

žínka

одвод

odpad

крема

krém

дезодоранс

deodorant

огледало

zrcadlo

козметичко огледало

kosmetické zrcátko

бријач

holicí strojek

пена за бријање

pěna na holení

лосион за после бријања

voda po holení

чешаљ

hřeben

четка

kartáč

фен за косу

fén

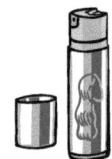

спреј за косу

lak na vlasy

шминка

makeup

руж за усне

rtěnka

лак за нокте

lak na nehty

вата

vata

маказе за нокте

nůžky na nehty

парфем

parfém

козметичка торбица

taška s toaletními potřebami

столица

stolička

вага

váha

огртач

župan

рукавице за чишћење

gumové rukavice

тампон

tampón

уложак

dámská vložka

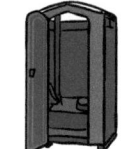

хемијски тоалет

chemická toaleta

дечија соба
dětský pokoj

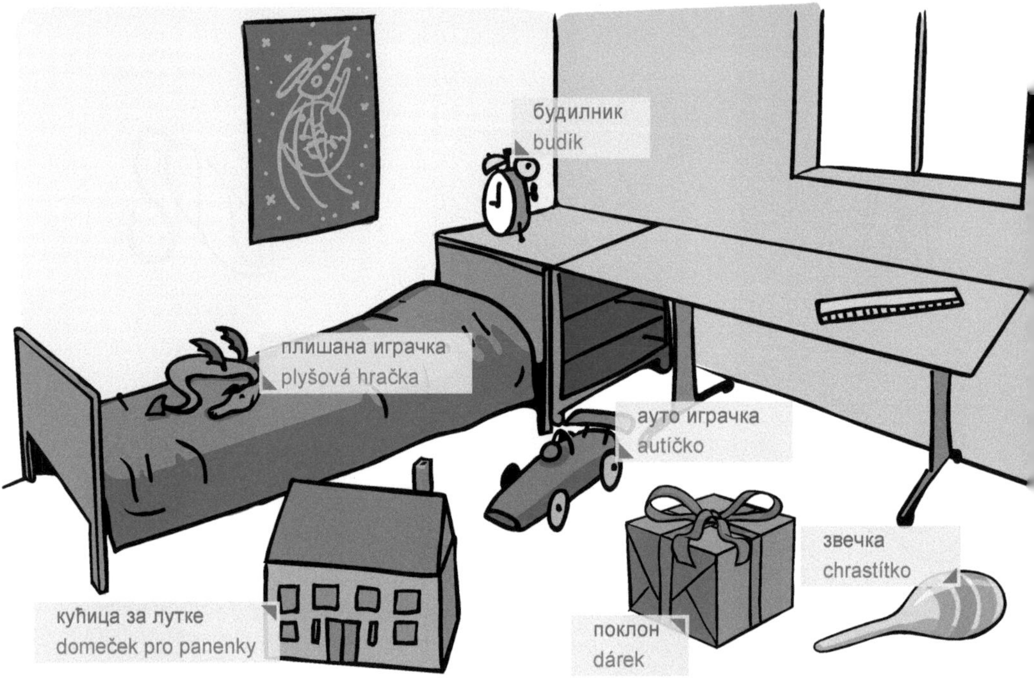
будилник
budík
плишана играчка
plyšová hračka
ауто играчка
autíčko
звечка
chrastítko
кућица за лутке
domeček pro panenky
поклон
dárek

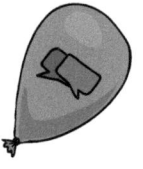

балон
balón

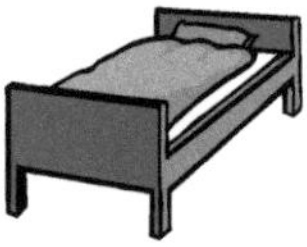

кревет
postel

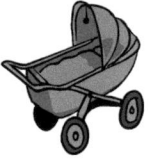

дјечија колица
kočárek

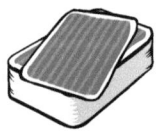

игра са картама
balíček karet

слагалица
puzzle

SUPER
MEGA

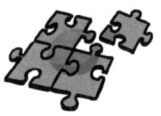

стрип
komiks

лего коцкице

lego kostky

коцкице за слагање

stavebnice

акциони јунак

akční figurka

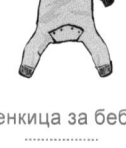

бенкица за бебе

dupačky

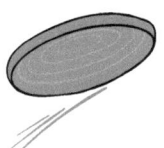

фризби

frisbee

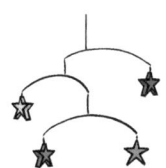

висеће играчке

závěsné hračky nad
postýlku

друштвене игре

desková hra

коцка

kostky

минијатурна жељезница

modelová železnice

дуда

dudlík

забава

oslava

сликовница

obrázková kniha

лопта

míč

лутка

panenka

играти

hrát si

пешчаник

pískoviště

љуљачка

houpačka

играчка

hračky

конзола за игре

hrací konzole

трицикл

tříkolka

теди

medvídek

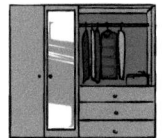

ормар

šatník

одећа

oblečení

кратке чарапе

ponožky

чарапе

punčochy

хулахопке

punčochové kalhoty

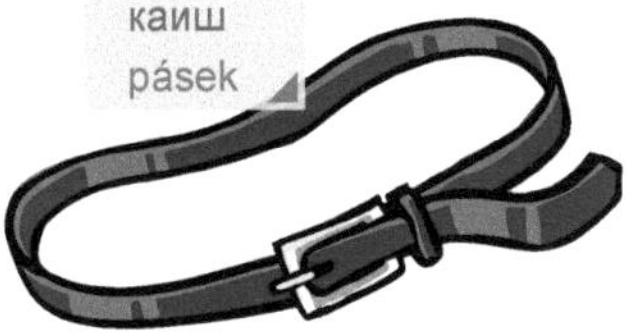

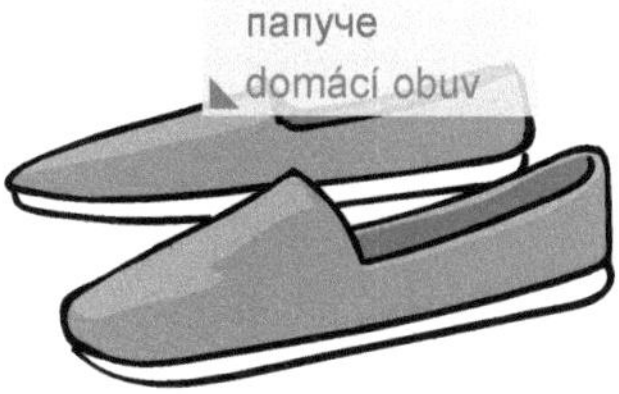

шал
šála

кишобран
deštník

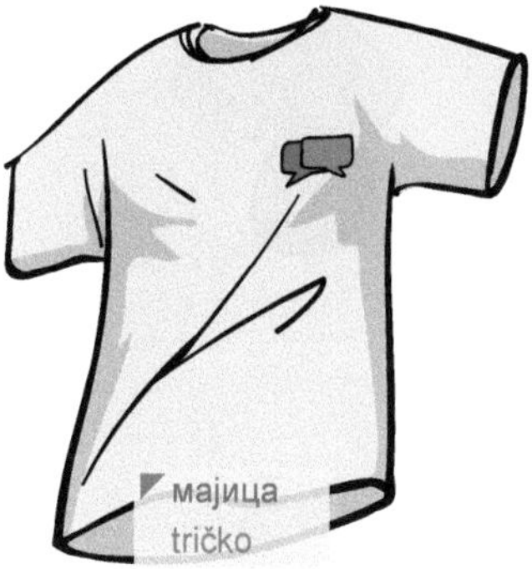

майица
tričko

каиш
pásek

чизме
kozačky

папуче
domácí obuv

патике
tenisky

сандале
sandály

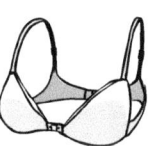

ципеле
obuv

гумене чизме
holínky

гаћице
spodní prádlo

грудњак
podprsenka

поткошуља
nátělník

боди
body

панталоне
kalhoty

фармерке
džíny

сукња
sukně

блуза
blůza

кошуља
košile

џемпер
svetr

џемпер с капуљачом
mikina

сако
blejzr

јакна
bunda

мантил
kabát

кабаница
pláštěnka

костим
kostým

хаљина
šaty

венчаница
svatební šaty

одело

oblek

спаваћица

noční košile

пиџама

pyžamo

сари

sárí

марама за главу

šátek na hlavu

турбан

turban

бурка

burka

кафтан

kaftan

абаја

abája

купаћи костим

plavky

купаће гаћице

pánské plavky

кратке панталоне

kraťasy

одећа за тренинг

tepláková souprava

кецеља

zástěra

рукавице

rukavice

дугме

knoflík

наочаре

brýle

наруквица

náramek

огрлица

náhrdelník

прстен

prsten

наушница

náušnice

капа

čepice

вешалица

ramínko

шешир

klobouk

кравата

kravata

патент затварач

zip

кацига

helma

нараменице

kšandy

школска униформа

školní uniforma

униформа

uniforma

подбрадак

bryndák

дуда

dudlík

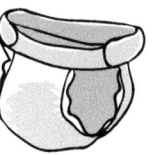

пелена

plena

канцеларија
kancelář

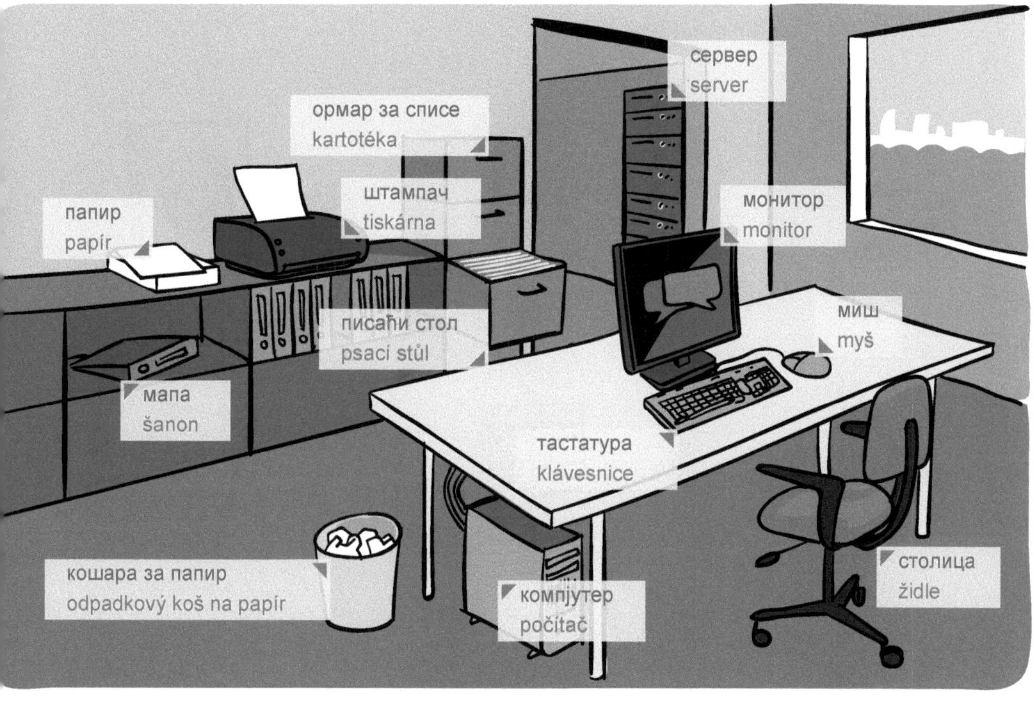

ормар за списе
kartotéka

сервер
server

штампач
tiskárna

монитор
monitor

папир
papír

миш
myš

писаћи сто
psací stůl

мапа
šanon

тастатура
klávesnice

кошара за папир
odpadkový koš na papír

столица
židle

компјутер
počítač

шалица за каву

hrnek na kávu

калкулатор

kalkulačka

интернет

internet

лаптоп

notebook

писмо

dopis

порука

zpráva

мобилни телефон

mobil

мрежа

síť

уређај за копирање

kopírka

софтвер

software

телефон

telefon

утичница

zásuvka

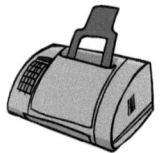

факс

fax

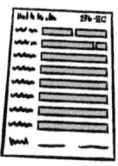

формулар

formulář

документ

dokument

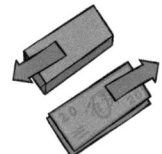

куповати

nakupovat

платити

zaplatit

трговати

jednat

новац

peníze

долар

dolar

евро

euro

јен

jen

рубља

rubl

швајцарски франак

frank

ренминдби јуан

juan

рупија

rupie

аутомат за новац

bankomat

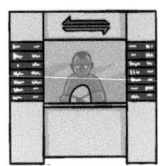

мењачница

смěnárna

злато

zlato

сребро

stříbro

нафта

olej

енергија

energie

цена

cena

уговор

smlouva

порез

daň

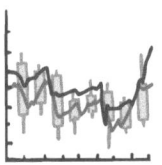

деонице

akcie

радити

pracovat

службеник

zaměstnanec

послодавац

zaměstnavatel

фабрика

továrna

продавница

obchod

занимања
povolání

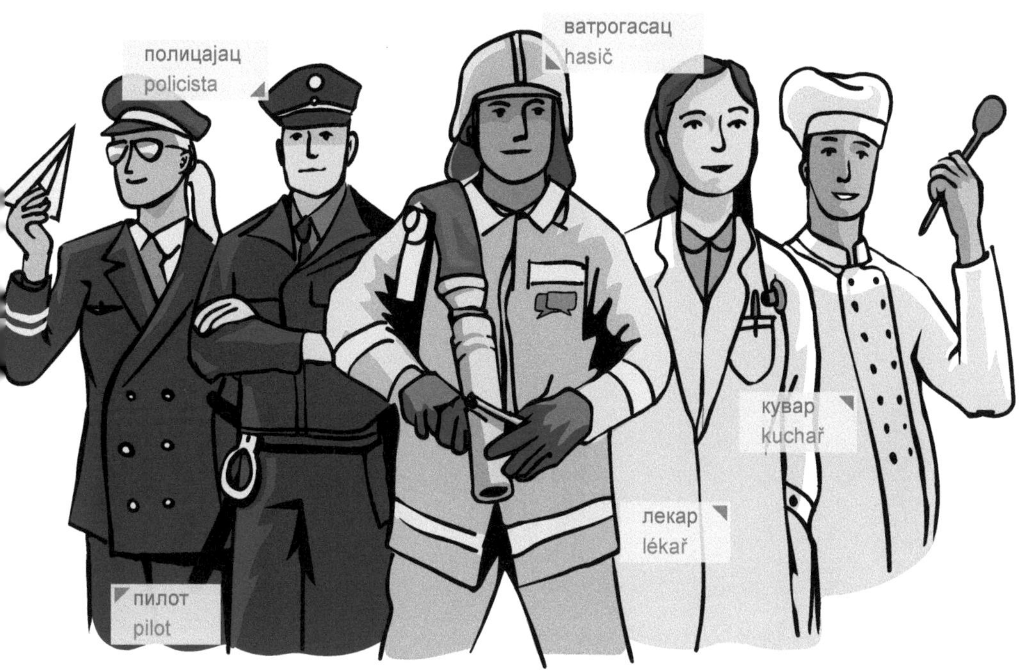
полицајац
policista
ватрогасац
hasič
кувар
kuchař
лекар
lékař
пилот
pilot

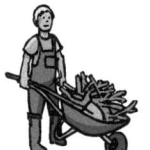

вртлар
zahradník

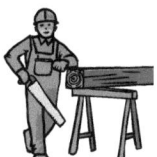

столар
truhlář

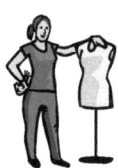

кројачица
švadlena

судија
soudce

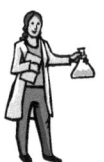

хемичар
chemik

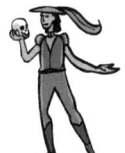

глумац
herec

возач аутобуса

řidič autobusu

возач таксија

řidič taxi

рибар

rybář

чистачица

uklízečka

кровопокривач

pokrývač

конобар

číšník

ловац

myslivec

сликар

malíř

пекар

pekař

електричар

elektrikář

грађевински радник

stavební dělník

инжењер

inženýr

месар

řezník

лимар

klempíř

поштар

listonoš

војник

voják

архитекта

architekt

благајник

pokladní

цвећар

florista

фризер

kadeřník

кондуктер

průvodčí

механичар

mechanik

капетан

kapitán

зубар

zubař

научник

vědec

раби

rabín

имам

imám

монах

mnich

свећеник

duchovní

алати
nářadí

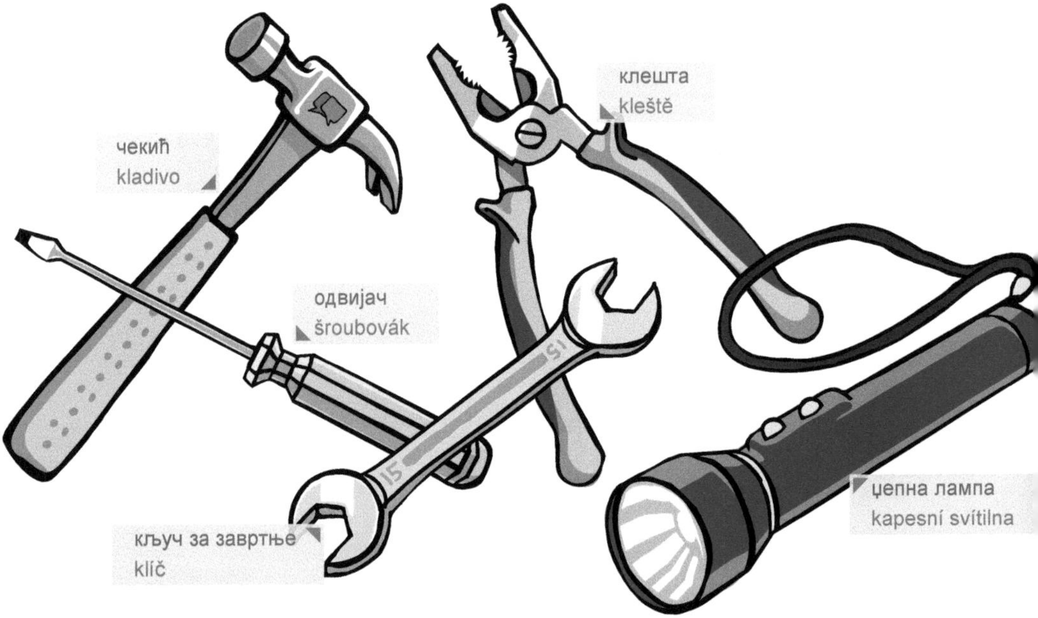
клешта
kleště
чекић
kladivo
одвијач
šroubovák
цепна лампа
kapesní svítilna
кључ за завртње
klíč

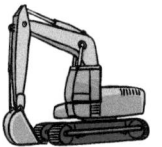

багер

bagr

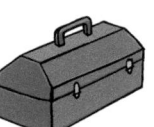

кутија за алат

skříň na nářadí

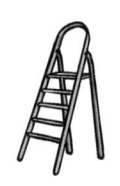

мердевине

žebřík

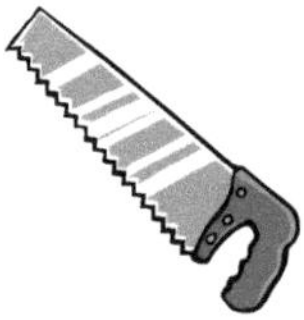

пила

pila

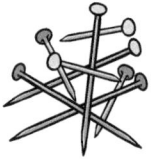

ексер

hřebíky

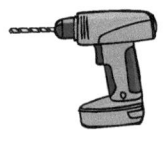

бушилица

vrtačka

поправити

opravit

лопата

lopata

до ђавола!

Kurva!

лопатица

lopatka

лонац за боју

vědroé na barvu

завртањи

šrouby

музички инструмент
hudební nástroje

звучник
reproduktor

бубњеви
bicí

контрабас
kontrabas

труба
trubka

гитара
kytara

клавир

klavír

виолина

housle

бас

basa

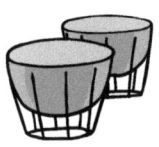

тимпани

tympán

удараљке за бубњеве

bubny

типке клавира

keyboard

саксофон

saxofon

флаута

flétna

микрофон

mikrofon

зоолошки врт

zoo

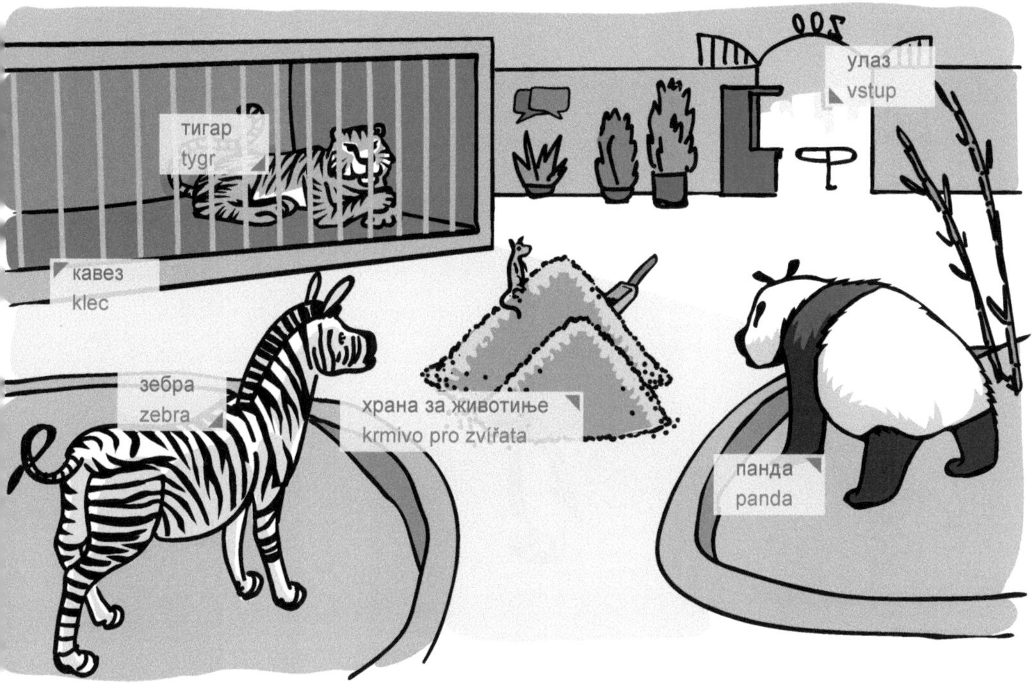

200
улаз
vstup
тигар
tygr
кавез
klec
зебра
zebra
храна за животиње
krmivo pro zvířata
панда
panda

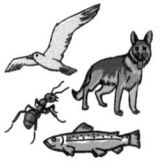

животиње
zvířata

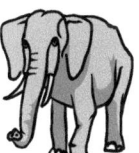

слон
slon

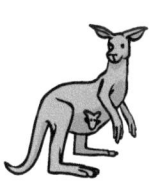

кенгур
klokan

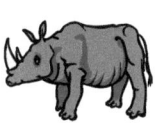

носорог
nosorožec

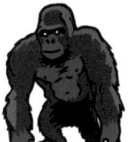

горила
gorila

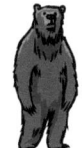

медвед
medvěd

камила
velbloud

нoj
pštros

лав
lev

мајмун
opice

фламинго
plameňák

папагај
papoušek

поларни медвед
lední medvěd

пингвин
tučňák

ajкула
žralok

паун
páv

змија
had

крокодил
krokodýl

чувар у зоолошком врту
ošetřovatel zvířat

туљан
tuleň

јагуар
jaguár

пони

poník

леопард

leopard

нилски коњ

hroch

жирафа

žirafa

орао

orel

дивља свиња

divoké prase

риба

ryby

корњача

želva

морж

mrož

лисица

liška

газела

gazela

американски ногомет
americký fotbal

бициклизам
cyklistika

тенис
tenis

кошарка
košíková

пливање
plavání

бокс
box

хокеј на леду
lední hokej

фудбал
kopaná

бадминтон
badminton

атлетика
lehká atletika

рукомет
házená

скијање
běh na lyžích

поло
vodní pólo

активности
aktivity

скочити
skočit
загрлити
objímat
смејати се
smát se
ићи
jít
певати
zpívat
сањати
snít
молити се
modlit se
пољубити
políbit

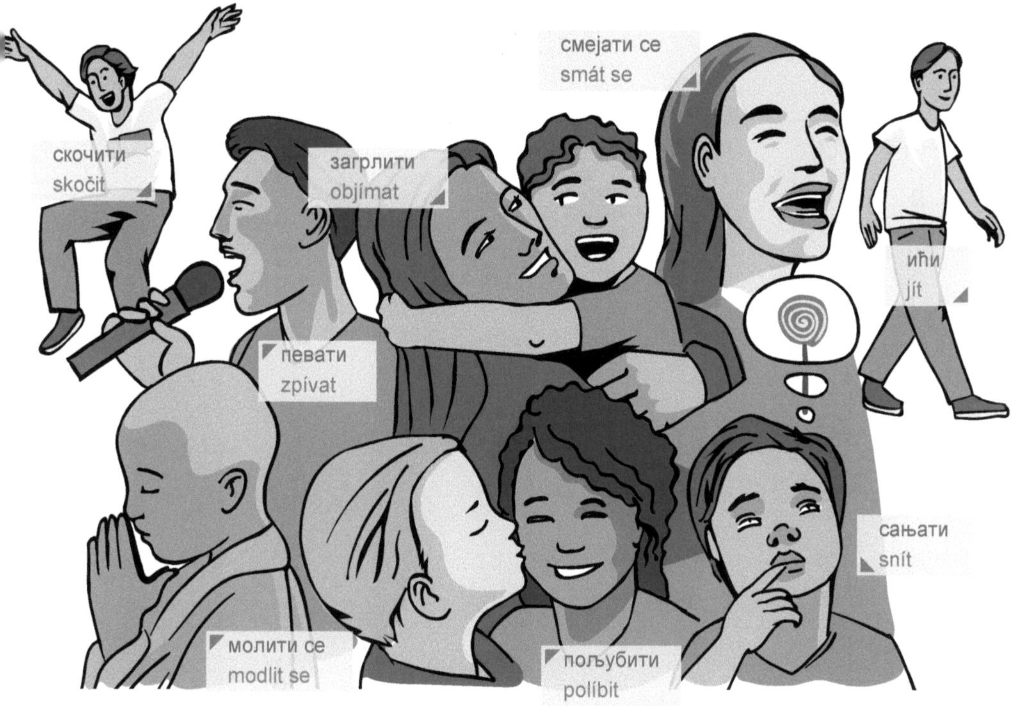

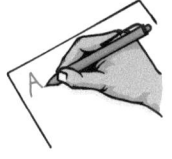

писати

psát

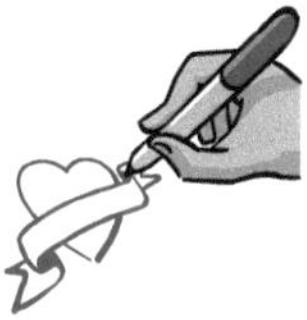

цртати

kreslit

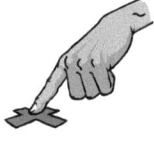

показати

ukazovat

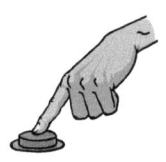

гурати

tlačit

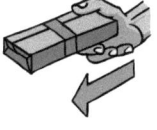

дати

dát

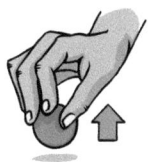

узети

vzít si

имати

mít

чинити

dělat

бити

být

стојати

stát

трчати

běhat

повлачити

táhnout

бацити

hodit

падати

padat

лежати

ležet

чекати

čekat

носити

nosit

седити

sedět

облачити

oblékat

спавати

spát

пробудити се

vzbudit se

гледати

prohlédnout si

плакати

plakat

миловати

pohladit

чешљати

česat

говорити

hovořit

разумети

rozumět

питати

ptát se

слушати

slyšet

пити

pít

јести

jíst

поспремити

uklidit

волети

milovat

кухати

vařit

возити

jet

летети

letět

активности - aktivity

пловити

plachtit

рачунати

počítat

читати

číst

учити

učit se

радити

pracovat

венчати се

vzít si

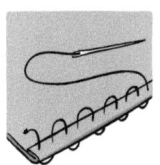

шити

šít

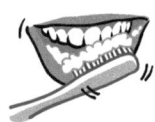

прати зубе

čistit si zuby

убити

zabít

пушити

kouřit

послати

poslat

породица
rodina

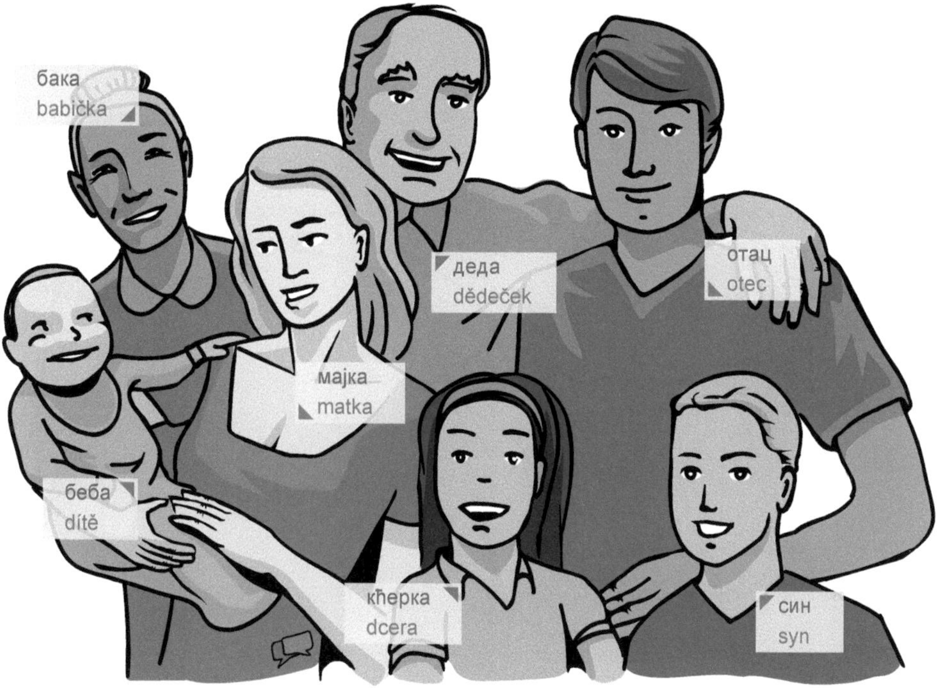
бака
babička
деда
dědeček
отац
otec
мајка
matka
беба
dítě
ћерка
dcera
син
syn

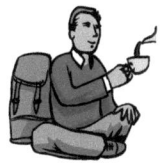

гост

host

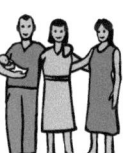

тетка

teta

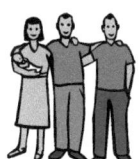

ујак, стриц

strýc

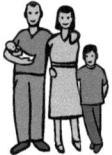

брат

bratr

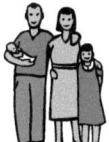

сестра

sestra

тело

tělo

чело
čelo
око
oko
раме
rameno
прст
prst
лице
obličej
брада
brada
рука
ruka
нога
dolní končetina
груди
hruď
рука
paže

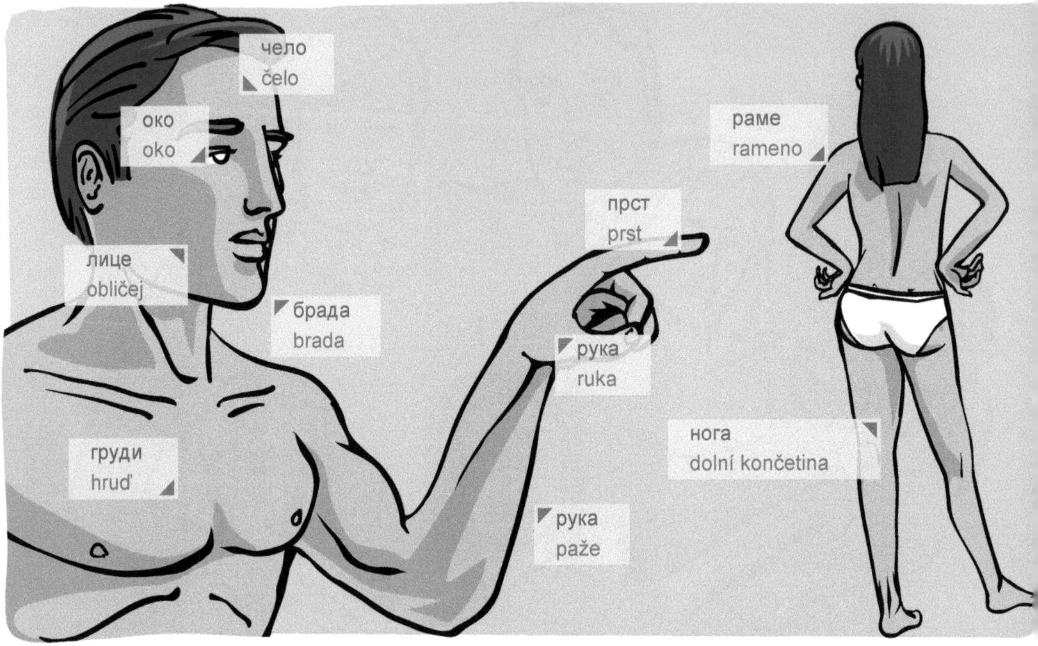

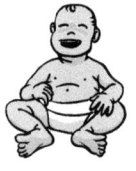

беба

dítě

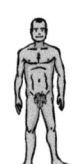

мушкарац

muž

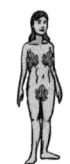

жена

žena

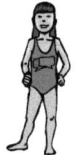

девојчица

dívka

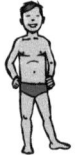

дечак

chlapec

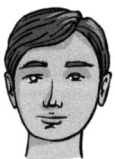

глава

hlava

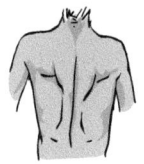

лећа
záda

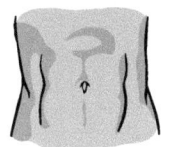

стомак
břicho

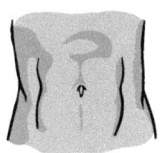

пупак
pupík

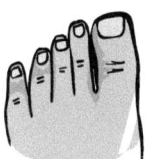

ножни прст
prst na noze

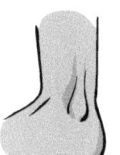

пета
pata

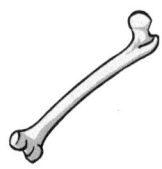

кост
kost

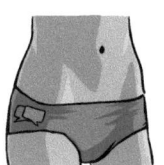

кукови
bok

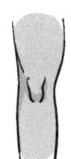

колено
koleno

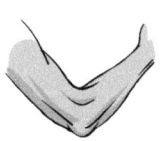

лакат
loket

нос
nos

задњица
zadek

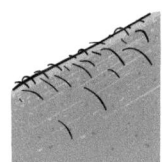

кожа
kůže

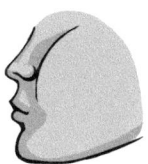

образ
tvář

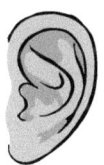

уво
ucho

усна
ret

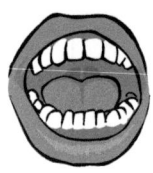

уста

ústa

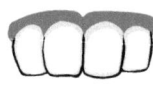

зуб

zub

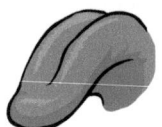

језик

jazyk

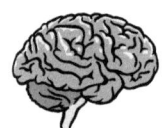

мозак

mozek

срце

srdce

мишић

sval

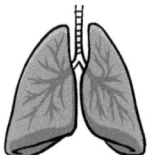

плућа

plíce

јетра

játra

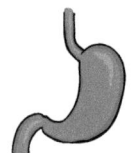

желудац

žaludek

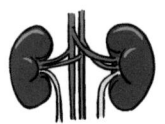

бубрези

ledviny

полни однос

pohlavní styk

кондом

kondom

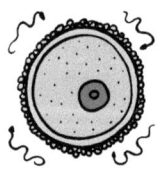

јајна ћелија

vajíčko

сперма

sperma

трудноћа

těhotenství

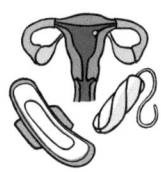

менструација

menstruace

вагина

vagina

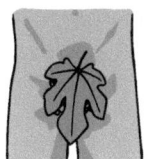

пенис

penis

обрва

oboči

коса

vlasy

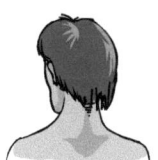

врат

krk

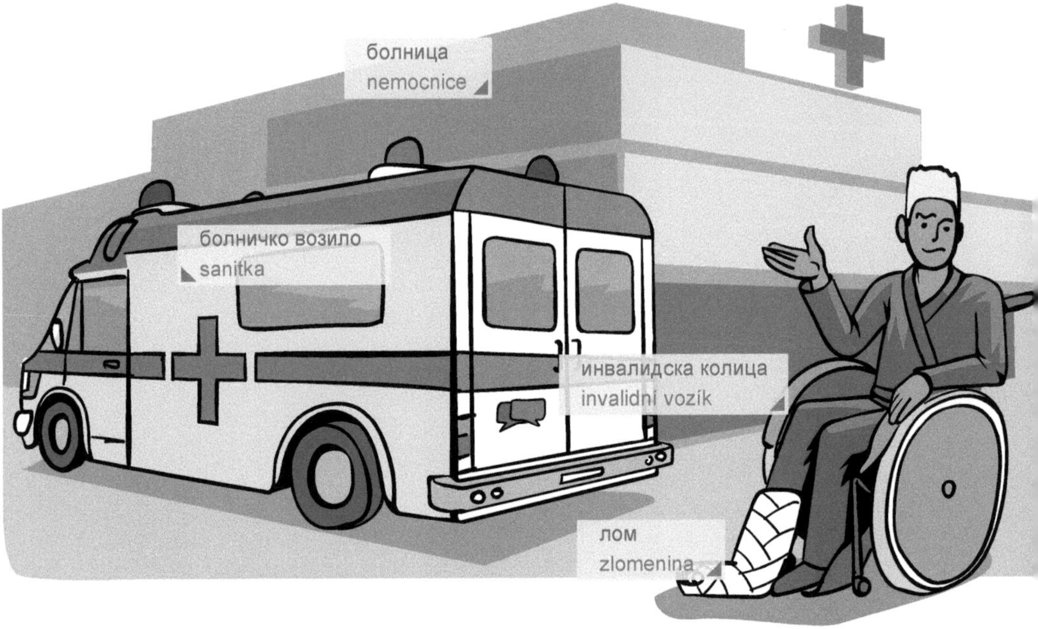

болница

nemocnice

болница
nemocnice
болничко возило
sanitka
инвалидска колица
invalidní vozík
лом
zlomenina

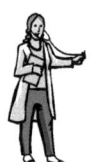

лекар

lékař

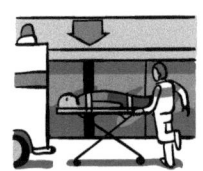

хитна медицинска служба

pohotovost

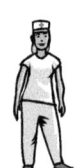

медицинска сестра

zdravotní sestra

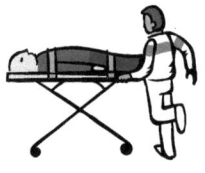

хитни случај

urgentní případ

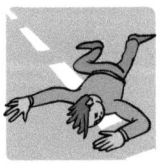

несвест

v bezvědomí

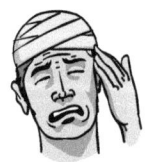

бол

bolest

повреда

úraz

крварење

krvácení

срчани удар

infarkt myokardu

удар

cévní mozková příhoda

алергија

alergie

кашаљ

kašel

грозница

horečka

грипа

chřipka

пролив

průjem

главобоља

bolest hlavy

рак

rakovina

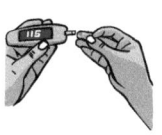

дијабетес

cukrovka

хирург

chirurg

скалпел

skalpel

операција

operace

цт

CT

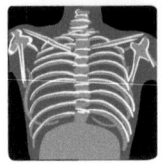

рентген

rentgen

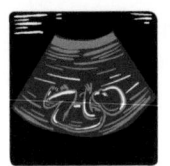

ултразвук

ultrazvuk

маска

maska

болест

nemoc

чекаона

čekárna

штака

berle

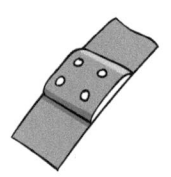

фластер

náplast

завој

obvaz

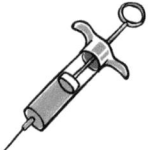

ињекција

injekce

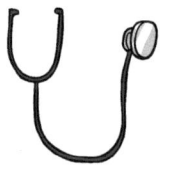

стетоскоп

stetoskop

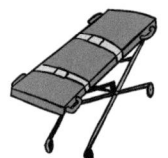

носила

nosítka

термометар

teploměr

рођење

porod

прекомерна тежина

nadváha

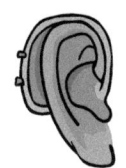

слушни апарат

naslouchátko

средство за дезинфекцију

dezinfekční prostředek

инфекција

infekce

вирус

virus

хив / аидс

HIV / AIDS

медицина

lékařství

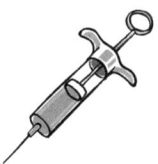

вакцинација

očkování

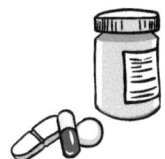

таблете

tablety

пилула

pilulka

хитни позив

tísňové volání

уређај за мерење притиска

tonometr

болесно / здраво

nemocný / zdravý

помоћ!

Pomoc!

аларм

poplach

насртај

přepadení

напад

napadení

опасност

nebezpečí

излаз у случају нужде

nouzový východ

пожар!

Hoří!

противпожарни апарат

hasicí přístroj

незгода

nehoda

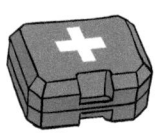

кутија прве помоћи

zdravotnická brašna

сос

SOS

полиција

policie

земља
země

Европа
Evropa

Северна Америка
Severní Amerika

Јужна Америка
Jižní Amerika

Африка
Afrika

Азија
Asie

Аустралија
Austrálie

Атлантик
Atlantik

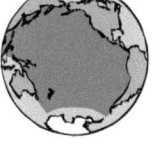

Пацифик
Pacifik

Индијски океан
Indický oceán

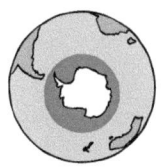

Антарктички океан
Jižní ledový oceán

Арктички океан
Severní ledový oceán

Северни рол
severní pól

земља - země   77

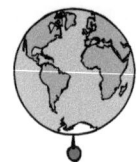

Јужни рол

jižní pól

Антарктик

Antarktida

земља

země

земља

pevnina

море

moře

оток

ostrov

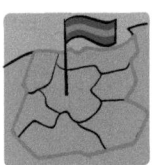

нација

národ

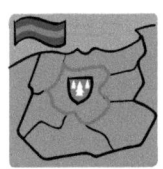

држава

stát

бројчаник сата

ciferník

сатна казаљка

hodinová ručička

минутна казаљка

minutová ručička

секундна казаљка

vteřinová ručička

Колико је сати?

Kolik je hodin?

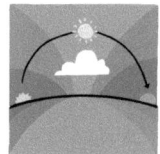

дан

den

време

čas

сада

teď

дигитални сат

digitální hodinky

минута

minuta

час

hodina

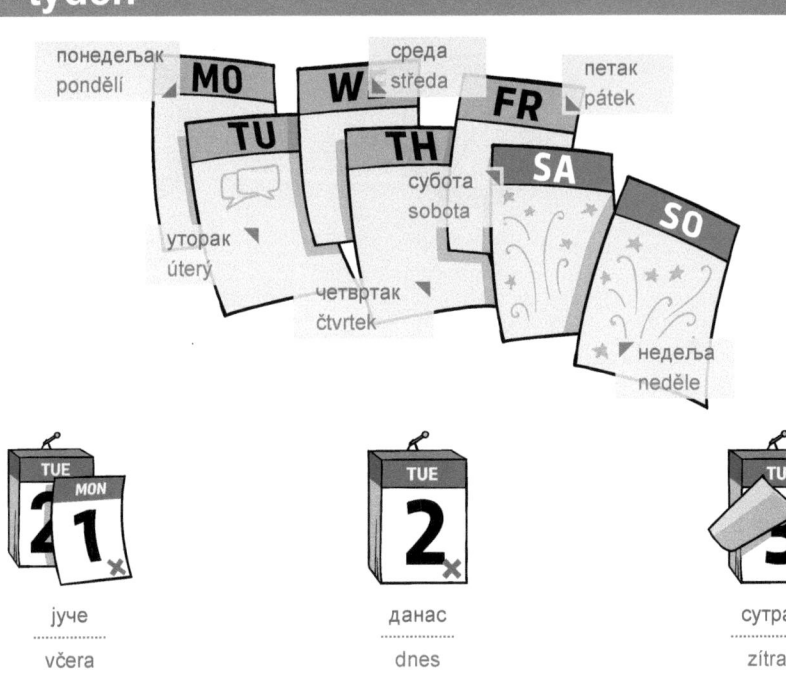

понедељак
pondělí

среда
středa

петак
pátek

уторак
úterý

субота
sobota

четвртак
čtvrtek

недеља
neděle

jуче
....
včera

данас
....
dnes

сутра
....
zítra

jутро
....
ráno

подне
....
poledne

вече
....
večer

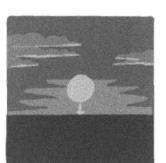

радни дани
....
pracovní dny

викенд
....
víkend

година
rok

киша
déšť
дуга
duha
ветар
vítr
снег
sníh
пролеће
jaro
лето
léto
јесен
podzim
зима
zima

4.APRIL 11°
5.APRIL 4°
6.APRIL 13°
7.APRIL 8°
8.APRIL 10°

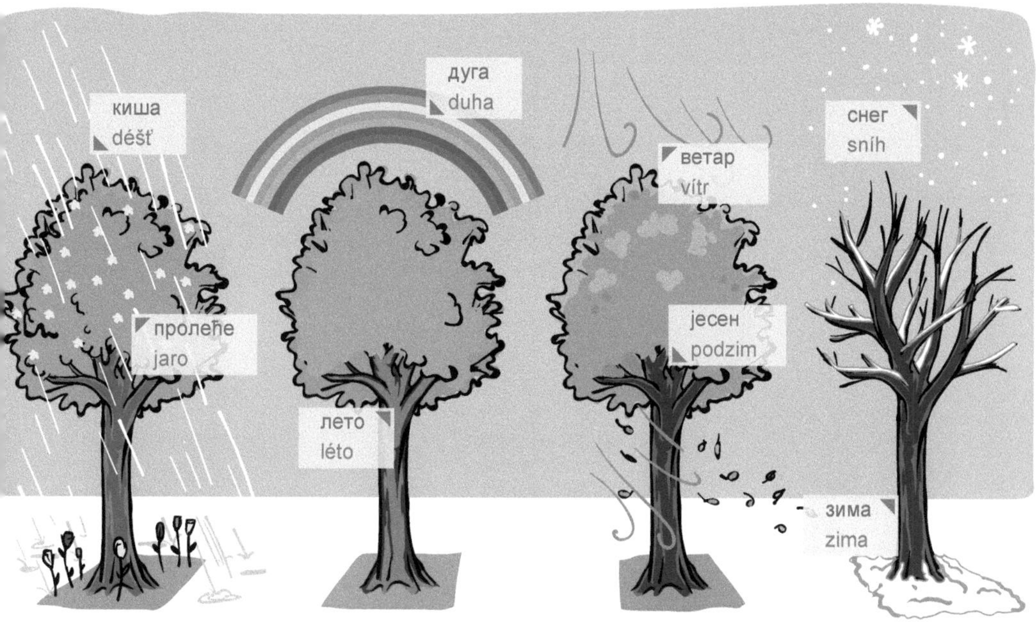

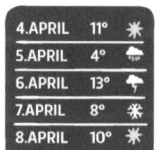

метеоролошка прогноза
....
předpověď počasí

F C
120 40
90 30
60 20
30 10
0 0
-30 -10
-20

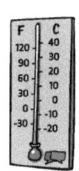

термометар
....
teploměr

сунчана светлост
....
sluneční svit

облак
....
mrak

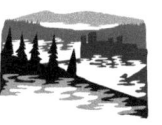

магла
....
mlha

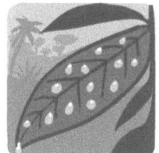

влажност ваздуха
....
vlhkost

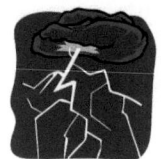

муња
blesk

грмљавина
hrom

олуја
bouřka

туча
kroupy

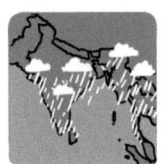

монсун
monzun

поплава
povodeň

лед
led

јануар
leden

фебруар
únor

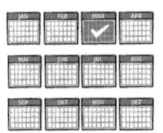

март
březen

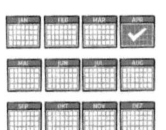

април
duben

мај
květen

јуни
červen

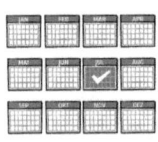

јули
červenec

август
srpen

година - rok

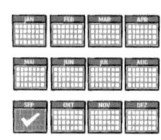

септембар

září

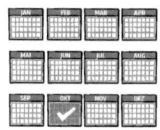

октобар

říjen

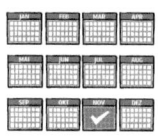

новембар

listopad

децембар

prosinec

облици

tvary

круг

kruh

квадрат

čtverec

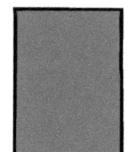

правоугао

obdélník

троугао

trojúhelník

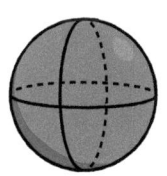

кугла

koule

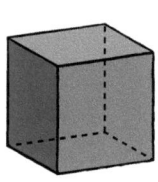

коцка

krychle

бела

bílá

жута

žlutá

наранџаста

oranžová

ружичаста

růžová

црвена

červená

љубичаста

fialová

плава

modrá

зелена

zelená

смеђа

hnědá

сива

šedá

црна

černá

много / мало

hodně / málo

љутито / мирно

rozzuřený / mírumilovný

лепо / ружно

krásný / ošklivý

почетак / крај

začátek / konec

велико / малено

velký / malý

светло / тамно

světlý / tmavý

брат / сестра

bratr / sestra

чисто / прљаво

čistý / špinavý

потпуно / непотпуно

úplný / neúplný

дан / ноћ

den / noc

мртво / живо

mrtvý / živý

широко / уско

široký / úzký

jестиво / неjестиво

jedlý / nejedlý

зло / добро

zlý / hodný

узбуђено / досадно

vzrušený / znuděný

дебело / мршаво

tlustý / hubený

на почетку / на краjу

nejdříve / naposledy

приjатељ / неприjатељ

přítel / nepřítel

пуно / празно

plný / prázdný

тврдо / мекано

tvrdý / měkký

тешко / лагано

těžký / lehký

глад / жеђ

hlad / žízeň

болесно / здраво

nemocný / zdravý

илегално / легално

ilegální / legální

паметно / глупо

inteligentní / hloupý

лево / десно

vlevo / vpravo

близу / далеко

blízko / daleko

ново / половно

нови / поизити

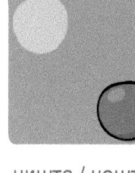

ништа / нешто

nic / něco

старо / младо

starý / mladý

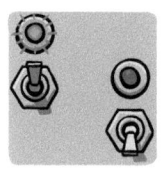

укључено / искључено

zapnutý / vypnutý

отворено / затворено

otevřeno / zavřeno

тихо / гласно

tichý / hlasitý

богато / сиромашно

bohatý / chudý

тачно / погрешно

správný / špatný

храпаво / глатко

drsný / hladký

тужно / сретно

smutný / šťastný

кратко / дуго

krátký / dlouhý

полако / брзо

pomalý / rychlý

мокро / сухо

vlhký / suchý

топло / хладно

teplý / chladný

рат / мир

válka / mír

0

нула

nula

1

један

jedna

2

два

dva

3

три

tři

4

четири

čtyři

5

пет

pět

6

шест

šest

7

седам

sedm

8

осам

osm

9

девет

devět

10

десет

deset

11

једанаест

jedenáct

12

дванаест

dvanáct

13

тринаест

třináct

14

четрнаест

čtrnáct

15

петнаест

patnáct

16

шестнаест

šestnáct

17

седамнаест

sedmnáct

18

осамнаест

osmnáct

19

деветнаест

devatenáct

20

двадесет

dvacet

100

стотину

sto

1.000

хиљаду

tisíc

1.000.000

милион

milion

језици

jazyky

енглески

angličtina

амерички енглески

americká angličtina

мандарински кинески

standardní čínština

хиндски

hindština

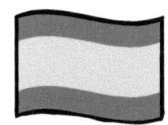

шпански

španělština

француски

francouzština

арапски

arabština

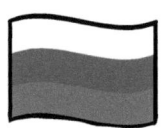

руски

ruština

португалски

portugalština

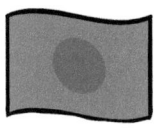

бенгалски

bengálština

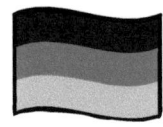

немачки

němčina

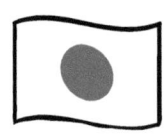

јапански

japonština

90   језици - jazyky

ја
já

ти
ty

он / она / оно
on / ona / ono

ми
my

ви
vy

они
oni

Ко?
Kdo?

Шта?
Co?

Како?
Jak?

Где?
Kde?

Када?
Kdy?

име
jméno

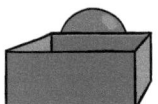

иза

za

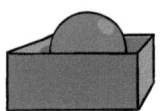

у

do

испред

z

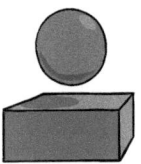

преко

nad

на

na

испод

mezi

поред

vedle

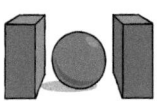

између

mezi

место

místo